Tom y los Extraños Relojes de la Señorita Egg

Tom y los Extraños Relojes de la Señorita Egg

Sofía E. Bayt

Círculo Rojo
EDITORIAL

Primera edición: julio 2025

Depósito legal: AL 5695-2025

ISBN: 979-13-7016-931-2

Impresión y encuadernación: Editorial Círculo Rojo

© Del texto: Sofía E. Bayt
© Maquetación y diseño: Equipo de Editorial Círculo Rojo

Editorial Círculo Rojo
www.editorialcirculorojo.com
info@editorialcirculorojo.com

Impreso en España — Printed in Spain

El papel utilizado para imprimir este libro es 100% libre de cloro y por tanto, **ecológico**.

A Hana y Amaia

Capítulo 1:
La familia De Lamare

—¡Eh, tú! ¡Tú, allí! ¡No toques mi paja!

La voz aguda y desagradable le perforó los oídos a Tom. El niño, arrodillado en el suelo junto al seto que separaba sus dos jardines, se sobresaltó. «Oh, no… ¿está comiendo paja?», pensó, asqueado.

—No me importa en absoluto tu paja podrida —declaró, lleno de valentía.

Cada vez que ella estaba cerca, Tom sentía una ola de frialdad arrastrarse sobre él, invadiéndolo insidiosamente.

—Oh, eres tú, querido —dijo su vecina, de repente empalagosa y con voz dulzona—. ¿Tu madre no te enseñó a respetar las cosas de los adultos?

Tom observaba el jardín de su vecina a través del seto, mientras la extraña mujer reanudaba distraídamente el barrido del suelo alrededor de su cobertizo.

—¿Puedo preguntar por qué su jardín está lleno de paja?

La señorita Egg lo miró intensamente con sus grandes ojos azules, que parecían devorar su diminuto rostro.

—Verás, querido, la paja es buena para la salud, especialmente a la hora de la comida —dijo, chasqueando la lengua como un pájaro que picotea frente a su presa—. ¡Ay, cómo me gustaría tener un nieto tan encantador como tú!

«Y a mí me habría gustado tener una familia normal», pensó Tom, casi con compasión…

Sus ojos penetrantes se fijaron en él con una expresión extraña de codicia que se dibujaba en su pequeño rostro. ¿No había vislumbrado un destello de glotonería en esos ojos saltones y voraces? Un escalofrío le recorrió la espalda. Sus dedos se cerraron como garras alrededor del mango de la escoba y reanudó su barrido de esos curiosos montones de paja, castañeando los dientes, como una vieja paloma.

«Estar atrapado con ella debe ser horrible», pensó. Poco sabía él que pronto tendría la respuesta a eso… «Aléjate de ella lo más posible», se dijo a sí mismo.

Mientras esa sensación desagradable de extrañeza que sentía cada vez que hablaba con su vecina se evaporaba poco a poco, Tom entró en casa. «¡Qué bruja! De entre todos los vecinos posibles en la Tierra, tenía que tocarme ella».

Permitidme presentaros a Tom. Nunca se aburría en el coche. Incluso en los días largos y tediosos de lluvia, encontraba maneras de entretenerse. Como hoy, en este sombrío día de octubre.

—¿Por qué la señorita Egg es tan rara?

—Quizás si no la molestaras tanto, ella sería contigo la dulce ancianita que es —respondió su madre.

«¿Por qué no se dan cuenta de lo horrible que es?», pensó Tom. «¿Y por qué siempre tienen que guardar las apariencias?».

Tom se dio cuenta de que su madre lo miraba con severidad. Trató de recordar qué podría haber hecho para molestarla. «A ver... guardé mis soldaditos en su caja...», repasó. «Mis calcetines están en el cesto de ropa sucia...». ¿Acaso su vecina ya se había quejado de él? Imposible, había pasado muy poco tiempo.

—¿Qué, qué hice ahora?

—¿Montaste en bici hasta el arroyo?

—¡Bueno, no vi el charco a tiempo, y me resbalé!

—Podrías tener más cuidado —dijo la señora De Lamare—. ¡Podrías haberte hecho daño!

—Bueno, lo importante es que no le pasó nada —murmuró el señor De Lamare, mimando una maceta de rosas en el alféizar—. Sí que necesitabas un poco de agua, ¿eh?

La señora De Lamare se encogió de hombros y puso los ojos en blanco, desesperando por no ganar nunca ninguna batalla.

—Sí, lo más importante es que no me hice daño —concluyó Tom, encantado de haberse librado tan fácilmente.

Como pueden ver, Tom era valiente, y esas cualidades de coraje y perseverancia no eran para nada ajenas a la aventura que estoy a punto de contarles. Pero, por ahora, cada miembro de la linda familia estaba inmerso en sus actividades habituales.

Si hay algo que deben saber sobre Amy y Paul De Lamare, es que amaban a sus plantas más que a nada. De hecho, probablemente las amaban demasiado. Las cuidaban cada día como si fueran sus propios hijos. Mimaban a los girasoles, consentían a los acianos y adoraban a las margaritas que llenaban su hogar desde el jardín hasta el desván, en el número 33 de la calle de los Grillos.

El problema era que, al prestar tanta atención al mundo vegetal, los dos botánicos se habían olvidado de que habían traído al mundo a un niño que pertenecía a la especie humana.

«No aguanto más esta jungla», se quejaba Tom, casi asfixiado por los yucas, los bambús y los bonsáis de todo tipo que poblaban la casa. «¡Y por qué hay fertilizante en mis cereales!».

A pesar de sus excentricidades, seguían siendo sus padres y aceptaba cada uno de sus defectos.

Una cosa era segura: esos tres se amaban profundamente, tan seguro como que de un botón florece una rosa.

Capítulo 2:
Por un puñado de rosas

No es exagerado decir que fue su obsesiva pasión por las flores y las plantas lo que un día pondría al joven Tom en una situación muy peligrosa.

Un buen día, sonó el teléfono. No era algo habitual. De hecho, Amy y Paul usaban la aplicación *FlorApp* para comunicarse con sus seres queridos —cada mensaje enviado permitía que un voluntario plantara un árbol en algún lugar de Alaska. Al menos, eso era lo que aseguraba la publicidad.

Pero la noticia que trajo esa llamada no fue en absoluto del gusto de Tom. Escuchó una voz aguda al otro lado de la línea.

—¡Soy Antonio Torre Sierra Pampa!

Era el director de una de las universidades más prestigiosas de Chile.

—Nos gustaría invitarles al Festival de la Rosa del Atacama. ¿Nos harían el honor?

Amy y Paul eran verdaderos expertos en el mundo de las rosas. Regularmente, los jardines más refinados de Europa los invitaban a dar conferencias.

—Bueno, bueno… es un gran honor —balbuceó Paul.

Amy le arrebató el auricular:

—¡Sí! —aseguró—. Decimos que sí.

—¡Bravo, brrrrrravo! —gritó la voz desde un teléfono al borde de la explosión.

—Increíble. —Se entusiasmó Paul, colgando el teléfono.

—No puede ser. Estáis bromeando —se lamentó Tom, frustrado por la expectativa de ser abandonado una vez más.

En el número 33 de la calle de los Grillos, la emoción crecía día tras día. Amy se entretenía vistiéndose como una ridícula pero encantadora flor gigante, y Paul se compró una bolsa de viaje con pegatinas rosas.

«¿Cuándo vais a madurar por fin?», les repetía Tom todo el día, perplejo.

Aunque intentaba parecer indiferente ante la situación, hervía de rabia, sintiéndose excluido de su felicidad. Con la garganta apretada, la ira y la tristeza lo inundaban como las malas hierbas invaden un jardín.

Una noche, mientras se acercaba la hora de dormir, Amy le sonrió a Tom.

—Sabes que tenemos que irnos por un tiempito, ¿verdad?

—Ah, no me había dado cuenta —respondió Tom irónicamente.

En el fondo, le encantaban esos momentos a solas con su madre. Ella pasó su mano por su linda barbilla.

—¿Por qué siempre tienes que abandonarme?

Una tristeza indescriptible apareció en el rostro de su madre. Pero rápidamente recompuso su expresión:

—Esta será la última vez, te lo prometo —añadió con picardía.

—¿Lo prometes?

—Lo juro por la vida de mi madre —dijo con una risa encantadora y pilla—. A veces la vida es como… —Vaciló un poco—. Como un seto.

Tom soltó una carcajada.

—¿Un seto? ¡Venga ya, me estás tomando el pelo!

Pero su madre estaba completamente seria, y su determinación lo impresionó.

—Sí. Un seto. Algunas personas deciden ver un muro, mientras que otras ven un paso.

Aunque las palabras de su madre eran misteriosas, Tom se sintió reconfortado. La señora De Lamare lo besó tiernamente antes de apagar la luz. Pero fue una de esas noches en que el sueño, sigilosamente, se negaba a venir. Su mente inquieta empezó a girar en la oscuridad de su habitación.

Pronto, una amargura se apoderó de él. «Es más fácil para vosotros», pensó. «Al menos estáis juntos, y yo estoy solo».

De repente, se sintió tan triste en la oscuridad. El vasto mundo le parecía cubierto de espinas.

Capítulo 3:
La Señorita Egg

—Mmm —murmuró Paul—. ¿Y qué hay de tu amiga Elena?

—¿No podría quedarme solo? —intentó Tom.

—Está en Japón —respondió Amy.

—¿Y si me quedo solo en casa o, mejor, si voy con ella?

Pero era como si nadie lo oyera.

—¿Podríamos también llamar a la tía Maggie? —soltó Amy evasivamente.

«Una niñera. Qué idea tan estúpida», pensó Tom. No quería una niñera. Otra desconocida que le hablaría como a un bebé, pasándose el día mirando el móvil.

—Me podría simplemente quedar solo —insistió Tom con tono inocente.

—No, porque… porque… —balbuceó Paul.

—¿Porque no sabría arreglármelas solo?

—No, mi amor —confesó Amy—. Sabemos que podrías. Pero no sería lo correcto.

—Nunca tenéis tiempo para mí. Y tampoco me dejáis hacer lo que quiero.

Amy guardó silencio, visiblemente afectada por lo que Tom acababa de decir.

—Tomaremos la mejor decisión para ti —le aseguró con una leve vacilación en la voz.

Un par de días después, encontraron la peor solución posible desde el punto de vista de Tom.

«¿Por qué tuvo que romperse la pierna la tía Maggie? —se lamentaba él—. Ahora tendré que quedarme con esa vecina horrible. ¿Cómo pudieron hacerme esto?».

A veces, la señorita Egg los saludaba desde su jardín. Tom la veía persiguiendo a los gatos o sacudiéndose bajo la lluvia antes de entrar en casa. Desde el otro lado de la calle, el señor Piojo, que presenciaba la escena, agachaba la cabeza, escondiéndose bajo su habitual sombrero de piel.

El día que fueron a su casa para hablar con ella, la señorita Egg era igual que siempre. Tenía un cuello flácido coronado por una cabecita diminuta y unos enormes ojos nerviosos. Su horrible cara se torcía en una mueca espantosa.

«¿Eso era una sonrisa?», se preguntó muy a menudo Tom sin llegar a una respuesta. Sus labios finos y apretados parecían un pico dispuesto a atacar. La señorita Egg era la viva imagen de un viejo avestruz gigante.

—Muchas gracias por su ayuda, señorita Egg. Es muy amable por su parte cuidar de Tom mientras estamos fuera.

El señor De Lamare estaba bastante estresado y mostraba todos los signos del nerviosismo.

—Es un placer. —Aseguró la señorita Egg—. Es natural ayudarse entre vecinos.

—Si la señorita Egg necesita que pongas la mesa o que saques la basura, sé amable y ayúdala.

Tom asintió, pero de mala gana. Faltaban solo unos días para la gran partida. Una noche, Tom preguntó:

—Papá, ¿no te parece extraño que la señorita Egg siempre esté sola?

Paul De Lamare se quedó reflexivo antes de responder.

—Bueno, es una buena pregunta. Supongo que hay muchas ancianas que ya no tienen a nadie. Más de las que imaginamos. Y quedándote con ella, le haces un gran favor.

—Oh, genial. Si todos están felices, entonces yo también —dijo Tom, con sarcasmo.

—No seas tan negativo. Será divertido, ya verás.

Paul abrió su maleta azul decorada con un dinosaurio en patines y una gorra roja. Tom, por su parte, se encargó de añadir su despertador, su cepillo de dientes y un globo verde que le gustaba inflar. Curiosamente, esos tres objetos serían exactamente los que le salvarían la vida.

La casa de su vecina era una gran construcción victoriana en la que parecía que solo usaba la planta baja. La fachada estaba adornada con plumas curvas, y el tejado se asemejaba a un gran pico encorvado.

—Así que, pequeñín, ¿vienes a visitar a la tía Egg? Qué linda sorpresa, estoy tan feliz de tenerte aquí.

«No eres mi tía, vieja loca», pensó Tom.

Notó que la actitud de la señorita Egg era muy rara. No dejaba de pasar su pequeña lengua rosada por sus labios agrietados, como si estuviera extrañamente hambrienta, y su expresión facial parecía decir: «¿Qué vamos a comer hoy?».

—Eh… gracias —contestó el niño—. Pero, ¿no tiene usted sus propios nietos?

Al oír esas palabras, la señorita Egg hizo un movimiento repentino bajo sus múltiples chales y bufandas, como un pájaro sacudiendo sus alas. Amy sonrió con incomodidad.

—Si la señorita Egg necesita tu ayuda, la ayudas, ¿de acuerdo?

Tom asintió, pero por dentro pensó: «Veremos hasta dónde llega mi amabilidad».

La anciana extendió un brazo delgado, moviéndose con agilidad, como un pulpo extendiendo un tentáculo para agarrar el equipaje. Entonces se dio cuenta Tom de que apenas era más alta que él. Solo que se veía diminuta entre tantos chalecos.

Amy se arrodilló y lo abrazó con fuerza.

—Sé bueno. Volveremos pronto.

—Siempre soy bueno —refunfuñó él.

—Vamos, será solo una estancia cortita. No habrás ni parpadeado y ya estaremos de vuelta.

—No hay problema. Supongo que las rosas os necesitan más que yo. Y ya sé echarme fertilizante yo solo.

Amy se mordió el labio y sus ojos brillaron con una nueva luz.

—Cuando volvamos, ¿quieres que vayamos a la feria?

Las mejillas de su madre estaban sonrojadas, sin que Tom supiera si era de la emoción o por la culpa.

—Podemos subir a la noria y comer algodón de azúcar.

Solo de pensarlo, se le dibujó una sonrisa. La anciana intervino con una voz que Tom ya detestaba.

—Cuando era pequeña, me encantaba la caca de perro frita. Cruje en la boca.

Amy y Paul rieron educadamente.

—Muy gracioso —murmuró el señor De Lamare.

«Caca de perro, dice. ¿Y me van a dejar con esta mujer loca?».

Tom ya estaba acostumbrado a que sus padres lo dejaran atrás. Llevaban una vida emocionante, y desde muy joven había aprendido a asumir que no formaba realmente parte de ella. Pero esta vez se sentía diferente. «Por qué dejarme con una completa desconocida?». Ya los oía responder: «Cuando seas mayor, lo entenderás». «¿Ah, sí? ¿Y a vosotros también os dejaron abandonados cuando erais pequeños?». Tom lo dudaba mucho. De hecho, sabía que la respuesta era no. Sabía que su abuela siempre había estado presente en la vida de su padre, día tras día. Lo mismo con sus abuelos maternos.

«Entonces ¿por qué me hacéis esto?»; se enfurecía con los ojos llenos de lágrimas.

Abrazó a sus padres, dividido entre la tristeza inmensa de verlos partir y la rabia por su increíble egoísmo.

Cuando la puerta se cerró tras ellos, la ira y la tristeza dieron paso rápidamente a la desesperación de estar atrapado con la señorita Egg.

—Ven, pequeñín, te enseño la casa.

Tom notó que unas marcas rectangulares en las paredes evocaban recuerdos pasados, ahora enterrados. «¿Qué habrán mostrado alguna vez?», se preguntó.

Las vidrieras de la puerta dejaban entrar un resplandor lúgubre a esa casa extraña. Una ansiedad empezó a crecer dentro de él, como si su peor pesadilla estuviera por hacerse realidad. Una atmósfera extraña reinaba en la casa. Al pisar el primer paso al interior, Tom tuvo la sensación desagradable de sumergirse en un baño muy frío, un frío tan intenso que le quemaba, como aquel espray que su madre le había aplicado en la verruga que tenía en el talón.

La sala principal estaba sorprendentemente vacía para una señora de su edad. Tom había imaginado una multitud de recuerdos acumulados con los años: figuras de porcelana, mantelitos de punto y tapetes. En su lugar, encontró una habitación grande con una chimenea de madera blanca a un lado y un gran sofá fucsia al otro.

Un viejo tren eléctrico yacía en el suelo. Aún más sorprendente era la pared inmediatamente a su derecha. Estaba cubierta de relojes de todos los tamaños y formas: relojes suizos, relojes modernos y hasta pequeños relojes de bolsillo. Algunos eran tan diminutos que parecía imposible leer la hora en ellos.

—Puedes divertirte cuanto quieras —declaró su vecina—. Y si necesitas algo, no dudes. ¡La tía Egg está aquí!

Nada le parecía menos divertido a Tom que la mezcla de la conversación insoportable de la señorita Egg y su casa tan extraña. Luego subieron al piso de arriba. Las escaleras estaban cubiertas por enormes alfombras rojas que descendían como serpientes lánguidas.

—Cuidado, están durmiendo —dijo la señorita Egg de forma automática, señalando vagamente el piso.

Tom se preguntó si su anfitriona había perdido la cabeza.

Mientras pasaba por las ventanas de las escaleras, las contraventanas temblaron con un aleteo que lo hizo brincar.

Ya arriba, la señorita Egg empujó una puerta.

—Aquí estamos. ¡Bienvenido a tu habitación!

La habitación tenía una sola cama, una mesa con una silla y un armario. Una semana entera se le haría larguísima.

Capítulo 4 :
Lo verdadero y lo falso

A la mañana siguiente, Tom se despertó temprano con el alegre canto de los pájaros. Un delicioso olor a tostadas y chocolate lo atrajo hacia la cocina. Allí, entre utensilios desperdigados, estaba la señorita Egg. Llevaba una bata de flores. Una redecilla intentaba sujetar los pocos pelos que le quedaban en la parte superior de su casi calva cabeza.

—Bueno, pequeñín, ¿sin esperar al sol, eh?

Lo diminuto de la cabeza de la señorita Egg chocaba con la enormidad de sus brillantes y nerviosos ojos azules. Más que nunca, le recordaba a un pájaro a tamaño real. Con una mano sujetaba un cazo de leche sobre su cuenco mientras con la otra echaba cereales. «Qué forma más rara de hacer las cosas», pensó Tom. Luego cogió una caja con la etiqueta «Peligro» y vertió unas migas en su propio cuenco, seguidas de unas gotas de una sustancia morada marcada como «Veneno para ratas». En su cuenco, que despedía extraños olores a corral, un líquido verde fluorescente giraba en hipnóticos remolinos.

—¡No! —gritó Tom.

—¿Qué pasa, pequeñajo? —dijo la señorita Egg con una sonrisa misteriosa.

—Debí de estar soñando…

Pero al mirar el bote, la inscripción había desaparecido. Observándola detenidamente, Tom sintió que el cuerpo delgado de la señorita Egg era demasiado pequeño para contener toda esa energía. Al mismo tiempo, algo no encajaba. No sabía decir qué. ¿Alguna vez has pillado al vuelo esa sonrisa falsa y cordial cuando alguien pasa a tu lado por la calle, o esa tristeza exageradamente empática que se representa ante uno de tus fracasos? Pues así se sentía la sonrisa de ella: falsa, como si ocultara algo. Era esa misma falta de sinceridad la que Tom percibía alrededor de la señorita Egg.

Un día, en el colegio, hablaron de los peligros que suponían las malas personas merodeando cerca de las escuelas. Una señora explicó que no se debía subir a sus coches ni aceptar caramelos. Tom levantó la mano para preguntar qué hacer si la mala persona estaba dentro del colegio. La señora alzó las cejas y fingió no haber entendido, luego pasó a la siguiente pregunta.

Aquella noche, Tom le preguntó a su madre cómo se podía estar 100 % seguro de reconocer a una persona realmente mala. Amy pensó un momento antes de contestar: «Cuando veas a una, lo sabrás».

Tras comerse unas cuantas tostadas, Tom se levantó de la mesa. Fue al salón y comenzó a jugar con el tren de juguete. La señorita Egg se unió a él unos momentos después, entrando a trotecitos. Se sentó en el sofá y comenzó a tejer. Parecía tan diminuta en aquel sofá fucsia enorme que se asemejaba a una muñeca, salvo que su anciana vecina no tenía nada de adorable. Se lanzó a un monólogo ininterrumpido sobre la vez que, según ella, había vivido en África.

—Una amiga me pidió que regara sus plantas carnívoras. Les tenía muchísimo cariño. Pero me olvidé las llaves, y es cierto, tuve que cruzar nadando todo el lago Tanganica.

Luego le contó cómo, durante un paseo banal en canoa, un cocodrilo les había atacado a ella y a su sirviente. Una bestia aterradora de más de ocho metros que, según ella, consiguió dominar ella sola. Tom escuchaba, atónito, aquellas historias disparatadas.

—Qué recuerdos. —Suspiró la anciana.

De repente, envalentonado por su exuberancia, Tom se atrevió por fin a preguntar:

—Señorita Egg, ¿tiene usted familia?

Entonces ocurrió lo imposible. Fue como si de repente cayera un peso de hormigón en el salón. La anciana dejó de tejer de golpe. Con un salto brutal, casi animal, se colocó de pronto a su lado. Con los ojos entrecerrados, le susurró al rostro:

—Ni una sola pregunta más, mocoso, o te convertiré en salchichas para sopa.

Su expresión había cambiado por completo. Una furia oscura se había dibujado en su rostro. Una mirada aterradora, la mandíbula apretada. Tom, aterrorizado por la brusquedad de su reacción y su asombrosa agilidad, se quedó sin palabras.

Sin embargo, al menos había una cosa buena en todo esto: ahora sabía con certeza que la señorita Egg no era en absoluto una persona amable. ¿Pero cuán mala era?

Capítulo 5 :
¿Una siesta bien merecida?

En los días siguientes, Tom andaba prácticamente pisando huevos. Había empezado a salir al jardín para tomar un poco de aire fresco y escapar de las horribles historias de la anciana.

—¡Psst!

Tom miró a su alrededor. El señor Piojo estaba allí, tieso como ajo y con su eterno sombrero de piel.

—Hola… —balbuceó Tom.

Pero el señor Piojo se llevó un dedo a los labios, en señal de silencio.

—Dentro de media hora. Detrás de la casa.

Unos minutos más tarde, su vecino lo esperaba efectivamente en el lugar indicado.

—¿Has echado alguna vez la siesta o todavía no?

—No, no la he echado —respondió Tom, desconcertado—. No duermo la siesta desde los tres años. ¿Para qué iba a hacerlo?

Su vecino se inclinó hacia él y le clavó la mirada:

—Deja de tomar azúcar. Deja de escuchar sus historias absurdas. Pero, sobre todo, nunca, jamás, bajo ningún concepto, eches una siesta. ¡Nunca!

Eso, a Tom, le sonaba como los consejos dietéticos del buen viejo doctor Corral, que lo vacunaba, lo medía cada año y se reía a carcajadas cada rato. En ese momento preciso, la voz estridente de la señorita Egg resonó a su espalda:

—Tom, venga. Es la hora de la merienda.

—Ahora vete —susurró el señor Piojo—. Estaremos en contacto.

—¡Espera! ¿Qué pasa con la siesta y con todo el resto?

Pero su vecino ya se había ido. Todavía en estado de shock, Tom volvió al salón, incapaz de quitarse de la cabeza las extrañas advertencias que acababa de recibir.

—Tienes que reponer fuerzas —dijo la señorita Egg, tendiéndole un plato de galletas.

—No, gracias —rechazó educadamente.

Ella se encogió de hombros y comenzó a contarle nuevas anécdotas. Fue entonces cuando los relojes empezaron a sonar en un concierto magnífico. Cientos de campanillas, tictacs, tambores diminutos, carrillones y campanas llenaron el salón, haciendo vibrar los cristales de las ventanas. La voz de la anciana se volvió lejana, como si llegara desde lo más profundo de la tierra.

—Anda, es hora de tu siesta.

—No, yo no echo la siesta. —Reaccionó Tom, tajante.

—Es muy tarde, tan tarde… tan tarde… tan tarde…

La voz de su vecina se fundía con el sonido hipnótico de los miles de relojes, convirtiéndose en un tictac encantador.

—No… yo… —Tom luchaba para resistirse.

Pero los párpados empezaban a pesarle y comenzaba a cerrarlos. Un bostezo irresistible le desencajó la mandíbula. Luego se hundió, contra su voluntad, en un sueño profundo.

***

Estaba en un corral que se parecía sospechosamente al jardín de la señorita Egg. Rodeado por una bandada de gallinas. Cerca de la puerta se alzaba un gallo absolutamente aterrador. Era tan grande como un perro y su cresta roja parecía ensangrentada. Tom estaba paralizado cuando, de pronto, ¡el animal se lanzó hacia él para perseguirlo! Totalmente preso del pánico, Tom huyó tan lejos como pudo, hasta el fondo del jardín. Pero pronto se encontró sin salida. El gallo lo atacó, saltando primero sobre sus hombros y luego sobre su cabeza. Sentía sus garras intentando aferrarse a su pelo y a su ropa, mientras su pico comenzaba a picotearle la cara.

Cuando se despertó, Tom sudaba y jadeaba como si acabara de correr diez kilómetros cargando todos los relojes de la señorita Egg en los brazos. Por encima de todo, un pensamiento obsesivo lo atormentaba: la idea de que las aves podían ser extremadamente agresivas y peligrosas.

En su almohada había dos diminutas plumas blancas. Y en su hombro izquierdo, un arañazo rojo, aún reciente.

Capítulo 6:
Donde aprendemos que las siestas no son necesarias cuando uno ya es mayorcito

Sorprendentemente, Tom se despertó en su cama. «¿Cómo he llegado hasta allí? ¿Me habría llevado la señorita Egg? ¿Cómo habría podido hacerlo?».

Sentía las rodillas como si fueran de goma y el hombro le dolía a causa del arañazo. Un verdadero misterio.

Intentó incorporarse, pero las piernas le pesaban tanto que le costó sentarse al borde de la cama. Todo el cuerpo le dolía, y le resultaba difícil mantenerse en pie. A duras penas logró ponerse de pie y caminar. Cada paso le parecía mover una montaña. Al llegar a la puerta, Tom notó que poco a poco iba recuperando el control sobre su cuerpo. ¿Qué estaba ocurriendo? No había echado la siesta desde que iba a infantil. Y además, no recordaba ninguna siesta con efectos tan potentes.

Bajó las escaleras, donde la señorita Egg le recibió envuelta en sus habituales bufandas gruesas y coloridas, pero con un aspecto más vivaracho que nunca.

—Bueno, pequeñín, ¿has dormido bien? —preguntó con entusiasmo.

—Sí, he dormido bien. Pero he tenido una pesadilla horrible.

—¿Ah, sí? Bueno, eso es muy habitual cuando uno duerme en un sitio nuevo. Debes de estar muy afectado por la marcha de tus padres. Venga, te voy a preparar un buen desayuno.

Su vecina parecía ahora la abuelita más encantadora del mundo, y casi se sintió culpable por haberle atribuido intenciones oscuras.

—Conocí a alguien como tú, que también dormía muy inquieto —continuó ella.

Y al decirlo, Tom tuvo la clara sensación de que sus ojos brillaban con una luz nueva. Una luz humana esta vez. ¿Estaría nostálgica la señorita Egg? No tenía respuesta. Su vecina cambió rápidamente de tema:

—Ven, chiquitín, vamos a prepararte unos buenos huevos fritos.

Su hombro volvió a arder de dolor. Pero, más importante aún, algo no dejaba de preocuparle: ¿cuánto tiempo había dormido?

Capítulo 7:
El misterio se intensifica

Ese día, la señorita Egg le pidió a Tom que ordenara las herramientas de jardinería. Por culpa de esa estúpida promesa que le había hecho a su padre, se encontraba limpiando unos equipos extraños, y le habría resultado difícil decir para qué servían.

¿Cómo había logrado la señorita Egg dormirlo? Se había adormecido justo cuando los relojes dieron la hora. Los relojes… Estaba seguro de eso. De repente, lo vio claro como el agua: ¡los relojes no habían sonado a las cuatro en punto!

«Tengo una pista», se dijo Tom, por fin feliz y aliviado.

Cuando levantó la cabeza, notó una figura de pie, rígida, detrás del seto. Apareció el señor Piojo con una sonrisa reconfortante. Le hizo una señal para que se acercara, y Tom obedeció discretamente.

—No te preocupes, vamos a sacarte de aquí —le dijo su vecino con intensidad.

—¿Qué está pasando aquí?

—Agente especial Piojo. Me han encomendado neutralizar esta cosa.

—Ah, entonces Piojo no es tu verdadero nombre —exclamó Tom, comprendiendo.

—Eh, sí lo es… es mi verdadero nombre. —Gruñó su vecino antes de continuar—. Hemos estado vigilando a la señorita Egg desde hace meses. Es una Devoradora.

—¡Así que de verdad quiere comerme!

Tom estaba tan emocionado como alarmado. «¡Lo sabía!».

—Lo quiere. Más que nada en este mundo. No lo dudes ni por un segundo. Se alimenta de los niños haciéndolos dormir.

Ahora Tom estaba realmente asustado. Un horrible peso le acababa de caer en el estómago y podía sentir cómo el temor se difundía lentamente en su cuerpo.

—Pero me va usted a ayudar, ¿no? ¡Tengo que huir de aquí!

El pánico había terminado de empañarle la mente, ya no podía pensar correctamente. Tom se lanzó como un loco directo al portal de hierro forjado de la entrada sin hacerle ni caso al señor Piojo, que intentaba discretamente detenerlo, sin éxito.

Pero al llegar al portal, una ola potente, invisible y fría lo detuvo. «La casa está en el ajo», pensó atenazado. Ahora lo entendía todo. Al igual que una presa en la boca del depredador, estaba preso en esta gran casa. Helado, se volvió hacia el señor Piojo. Su vecina estaría ocupada en alguna parte.

—Claro que te ayudaré, Tom —dijo el agente especial con determinación—. Pero tienes que confiar en mí, te necesito. Además, toma en cuenta que esto es una oportunidad única de estudiar a la Devoradora y…

—¡No estoy para estudios, quiero irme YA!

—Entonces tendrás que salvarte a ti mismo, niño —le dijo solemnemente su vecino—. Pero juntos lo lograremos.

El silencio se hizo. Tom medía la fuerza del peligro que se presentaba ante él.

—¿Cómo lo hacen?

—Es muy difícil de contestar con certeza. No podría decirte que la desconocemos totalmente, pero de ahí a afirmar que dominamos el tema… Y tengo mis propias… teorías.

Tom notó que el señor Piojo no estaba cómodo. Por alguna razón, no le decía todo.

—Al parecer, las Devoradoras hacen que los padres y seres queridos olviden hasta la existencia de su propia descendencia. Tenemos poca información al respecto. Hace unos veinte años, en Groenlandia, un grupo de niños desapareció. Pero los padres no denunciaron nada. Con suerte, la vigilancia de los vecinos fue más fuerte. Prendieron fuego a la casa y esta se quedó hecha cenizas, liberando así a los niños. Que sepamos, perdieron la memoria todos. Al parecer, estaban retenidos en una de las casas del vecindario.

—Retenidos, igual que yo.

—Exacto. Averigua su modo de operación y, repito: no duermas más de lo suficiente.

Sobre estas palabras misteriosas, desapareció como había aparecido.

—¡Espera!

Pero el señor Piojo ya se había ido.

Tom entonces corrió escaleras arriba. El aire estaba impregnado de un olor a quemado, parecido al de una tostadora mal limpiada. En la sala, la anciana estaba sentada en el sofá.

—Pequeñajo —dijo con su voz chillona—, no me gusta el trabajo mal hecho.

Intentaba parecer encantadora de forma torpe, aunque para Tom ya estaba clarísimo. Tenía que encontrar la forma de escapar.

«Necesito un plan», se repetía él sin parar. «Necesito-un-plan».

La malvada avestruz lo agarró con fuerza del brazo. Sus ojos lo fijaban con tanta intensidad que podrían haberle perforado la frente. Tom tuvo la desagradable sensación de que podía leerle la mente.

—No, aún no puedo leer el pensamiento —explotó ella—, pero cuidado, que tengo muchos otros poderes.

«No lo dudo, vieja avestruz», pensó Tom.

La anciana entrecerró los ojos y murmuró:

—¡Al salón!

Sentada cómodamente en su gran sofá fucsia, empezó otra vez:

—¿Sabías que el animal más perezoso del mundo es el koala? Duerme unas cincuenta horas al día. En cambio, el más activo es el tiburón martillo. Puede clavar hasta treinta y ocho clavos por hora —añadió, con un tono de complicidad—: Pero, por supuesto, muy poca gente sabe eso.

De nuevo, su extraña voz cambió:

—Ya sabes que no me gusta un trabajo mal hecho, ¿verdad?

Un terror repentino invadió a Tom. Ahora que no quedaba la menor duda, la cuestión era cómo iba a enfrentarse a la bruja. ¿Qué plan tenía para comérselo?

Capítulo 8:
La importancia de hacer bien la maleta

Tom estaba jugando con el trenecito en la sala, absorto en sus pensamientos. No podía decir si era por la mañana o por la tarde. Había perdido totalmente la noción del tiempo y todo le resultaba extraño allí. Por suerte, tenía consigo su despertador. Era un precioso reloj de hojalata que le había regalado su abuelo. Era el objeto más bello que había visto en toda su vida. Además, era algo valioso que él y su abuelo habían encontrado juntos en el mercadillo. Brillaba con su débil resplandor blanco, sobre una pila de viejos libros amarillentos. «¡Venga, cógelo, pequeñín! Se te nota que te gusta», había dicho su abuelo.

Juntos lo repararon con esmero, hasta convertirlo en aquel despertador magnífico al que tanto cariño le tenía. Por eso era imprescindible que este reloj estuviera en su maleta.

Lo puso en hora y luego se levantó. «No te duermas. No-te-duermas», se dijo. Esta vez estaría preparado. En el fondo del cajón de la mesilla de noche, el sonido de la alarma quedaría amortiguado. La señorita Egg pensaría que estaba dormido.

Un poco más tarde, las mil campanillas mecánicas sonaron como era de esperar, y sintió de nuevo ese impulso incontrolable de dormir.

—Estoy agotado, me voy a mi habitación —dijo.

La anciana, al principio desconcertada, acabó sonriendo con satisfacción.

Al subir las escaleras, el estrépito de los relojes le seguía. Tom, que había adorado con pasión reparar despertadores, relojes y todo tipo de cacharros con su abuelo, notó que había un pequeño detalle que no encajaba. Un detalle diminuto.

De pronto, se dio cuenta de algo muy importante: no solo los relojes no daban la hora, sino que parecían estar midiendo otra cosa.

El ding-dong del último reloj sonó como una liberación. «¡Un temporizador, es un temporizador! ¡La bruja ya está cocinando algo… o a alguien!».

De repente, se le ocurrió fingir que se había quedado dormido en las escaleras. Unos momentos después, llegó la señorita Egg. Sintió su presencia helada detrás de él. Parecía deslizarse por el suelo. Habría jurado que sí. A través de sus párpados entrecerrados, la vio extender su brazo delgado. Entonces Tom sintió cómo su cuerpo se elevaba del suelo. Lentamente, flotó hasta su cama, donde cayó con todo su peso.

Mantuvo los ojos fuertemente cerrados. La bruja ya flotaba hacia la primera planta. Mañana tenía que investigar. Su vida dependía de ello.

Capítulo 9:
La sopa Gruñona

Esa noche, cuando sonó el despertador… ¡qué diferencia sintió! Esta vez se sentía liviano, tan liviano.

Bajó sigilosamente al primer piso mientras las contraventanas de las pequeñas ventanas laterales de la casa temblaban a su paso, como un presagio de peligro o, tal vez, como una advertencia lúgubre. Nada ni nadie. El paso estaba libre. Toda la casa estaba sumida en la más absoluta oscuridad.

Tom oyó la voz de la señorita Egg refunfuñar. Con el oído atento, estaba pendiente de cada ruido, de cada cambio de ambiente. Fue entonces cuando la oyó acercarse. Rápidamente, se escondió en el pequeño trastero que había bajo las escaleras. La puerta entreabierta le permitía mirar hacia fuera tan discretamente como un ratón. La sintió llegar, con esa presencia fría e imparable. Y por primera vez la vio con sus propios ojos deslizarse por el suelo de una forma tan irreal que estuvo a punto de soltar un grito. Con la respiración entrecortada, la observaba. ¡Parecía tan alta! Al mismo tiempo, sus bufandas le daban una presencia que jamás habría imaginado. Pero de repente, sus ojos saltones se detuvieron en la puerta del trastero. La sangre de Tom se heló. Una ola de pánico lo invadió. Si lo descubría escondido allí, estaría perdido. No daría ni dos céntimos por su vida.

Contuvo aún más la respiración. La señorita Egg se había acercado hasta el límite y ahora se agachaba junto al suelo. Sus ojos enormes y voraces estaban fijos, inmóviles. ¡Iba a devorarlo de un bocado! Su fina boca hizo un chasquido al cerrarse sobre algo invisible que había en el suelo. Se irguió de golpe y mostró una sonrisa satisfecha mientras masticaba aquello que acababa de desaparecer en su boca. Tom seguía sin respirar cuando, por fin, la señorita Egg continuó su camino deslizándose hacia una de las habitaciones de la planta baja. ¿Pero qué se había comido?

Algo en el suelo llamó la atención de Tom. Una mancha verde fluorescente. Con mucho cuidado y sin hacer ruido, salió de debajo de las escaleras y la examinó. Tocó con un dedo. El líquido era viscoso y le quemó intensamente debido al frío que emanaba. Dio un respingo de dolor, apretándose el dedo contra el pecho. Mirando bien, Tom se dio cuenta de que había más huellas, separadas por unos pocos centímetros, a lo largo del pasillo. Siguió el rastro hasta que llegó al centro del pasillo. Pero justo en ese punto… nada más. Miró con atención a cuatro patas. Nada.

¿Podía ser que la propia señorita Egg hubiera derramado aquel extraño líquido verde sobre el suelo?

Pasando las manos por el suelo, no encontró nada. Se sintió avergonzado. Si no hallaba ninguna pista, no estaría perdido solo él, sino también todos los niños que contaban con la ayuda del agente Piojo y de su oficina secreta. ¿Qué podía hacer? Allí, en el primer piso, estaba a merced de la bruja. Tenía que esconderse, al menos.

Se dirigió hacia su escondite bajo las escaleras, pero ¡allí su pie se enredó en uno de los pliegues de la gruesa alfombra! Asustado, se quedó inmóvil. Por suerte, no pasó nada. Al mirar más de cerca, dio un salto de sorpresa: una trampilla.

La abrió con cuidado. Conducía al sótano. Descubrió unas escaleras estrechas y empinadas, negras como la noche. Notó con asco que sus calcetines se pegaban ligeramente a una sustancia viscosa.

Una voz chillona resonó. Era la voz de la señorita Egg. ¿Cómo podía, al entrar en una de sus habitaciones, resonar en las profundidades asquerosas de su sótano?

Al llegar al fondo, aprovechó un rincón más oscuro para esconderse. En el centro del lugar, un caldero hervía con una repugnante mezcla verde fluorescente de la que salían grandes burbujas glutinosas. De nuevo, ese olor a gallinero flotaba en el aire. A su alrededor, en estanterías, había cientos de frascos, cajas y recipientes de todo tipo, etiquetados y anotados. Entrecerrando los ojos, Tom pudo leer: «Uñas de Atardecer», «Harina de la Edad Dorada» o «Migas de Día Soleado».

Allí, inclinada sobre el recipiente, la señorita Egg removía con ambas manos una gran cuchara de madera mientras cantaba:

Me encantan los niños salados, me gusta sazonarlos,
pero lo que más adoro,
por mucho, son sus barriguitas, gorditas, en sopa, en costra
¡para mi Elixir de Juventud!

Capítulo 10:
¿Para comer aquí o para llevar?

Al día siguiente, quería continuar con su investigación, pero eso habría sido demasiado sospechoso, así que prefirió volver al jardín, donde el señor Piojo lo estaba esperando. Le contó con lujo de detalles todo lo que había averiguado.

—Muy interesante —comenzó el señor Piojo, claramente cautivado por lo que acababa de escuchar—. Eso coincidiría con lo poco que sabemos.

—Sigue en pie el misterio —dijo Tom, decepcionado por sus primeras búsquedas.

—Son criaturas muy complejas, no te desesperes. Pero actúa con rapidez y eficiencia. Antes que nada, te tienes que salvar.

—Señor, las Devoradoras querrán saber cuándo su comida está en su punto, ¿verdad?

—Supongo que sí. Pensamos que duermen a sus víctimas y ablandan su carne lentamente. Los niños parecen ser sus presas favoritas. Su extraordinaria capacidad para estirar el tiempo con solo pensarlo sería lo que le interesaría a la Devoradora.

—Tiene sentido —comentó Tom.

De repente, se sintió un coraje inmenso. Su vida estaba en juego.

—Suena a todo un arte culinario. La Devoradora tendrá una técnica muy elaborada, tanto para hacer que los niños se duerman como para asegurarse de que su comida esté perfecta.

Tom recordó con asco y horror el caldero y su mezcla verdosa. Por más que lo pensaba, los relojes, las gotas en el pasillo de la entrada, las siestas… Todo encajaba. La atmósfera caluroso-fría del lugar, su languidez, lo asaba literalmente como a un vulgar cordero en el horno.

Tras una pausa, el señor Piojo sonrió:

—Ya tienes una idea de lo que está tramando esa bruja, ¿me equivoco?

—Creo que sí, y verá. Este es mi plan. Es extremadamente peligroso, pero no tengo otra opción.

Capítulo 11:
El Plan

Para Tom, una cosa estaba clara: los relojes eran la clave.

Mientras se preparaba, volvía a ver, más viva que en la realidad, a su abuela frente a sus fogones. Ella sonreía. Nada más importaba que el momento presente. Su corazón se apretó de ternura y nostalgia al volver a ver su sonrisa tan dulce. Las cazuelas canturreaban. Su abuela cocinaba el mejor arroz caldoso de todo el país.

Ella no dejaba de repetir: «Todo está en la cocción. El arroz debe estar en su punto, lo que significa que debe absorber el caldo. Cuidado, no debe ser pegajoso ni demasiado duro. En cuanto al bogavante, tiene que brillar. Ni demasiado gomoso ni demasiado seco. Y el caldo debe reducirse para concentrar todos los sabores, pero sin perder demasiado líquido».

«En este caso, soy yo el bogavante; los relojes y la casa, mi cazuela; y esta maldita bruja es la cocinera», se dijo Tom con determinación.

A la hora en que los relojes sonaban, Tom fingió quedarse dormido. Naturalmente, la vieja bruja frotó sus manos con entusiasmo.

«No tomes ningún riesgo», le había aconsejado el señor Piojo.

Tom había podido oír el miedo en su voz. Pero él no tenía miedo. Más que nunca, estaba centrado en su objetivo.

Su plan entero giraba en torno a una única y desesperada pregunta: ¿cuál es la última y diminuta esperanza que le queda al bogavante para huir de la cazuela?

Capítulo 12:
¡Fuegos artificiales!

Cada vez se le hacía más difícil resistirse al sueño. Sus párpados y su cuerpo se sentían tan pesados. Unos minutos más tarde, la alarma lo sacudió y lo despertó. Bajó al primer piso, tomó la trampilla y descendió sin emitir sonido. Sus zapatos, una vez más, se pegaban a cada superficie que tocaban. Para su alivio, vio que la señorita Egg no estaba en el sótano. En uno de sus bolsillos llevaba su globo. En el otro, su cepillo de dientes. La extraña mezcla verde fluorescente seguía hirviendo. Tom se acercó, sacó su globo de goma verde y colocó un extremo en el borde del caldero (afortunadamente, después de jugar con él, el juguete se había vuelto suave y maleable). Con algo de esfuerzo, logró cubrir la boca burbujeante del caldero. El efecto fue inmediato. Los gases liberados por la mezcla comenzaron a llenar el globo, inflándolo lentamente. Tom estaba fascinado por la burbuja verde transparente que se formaba de manera inexorable. Sigilosamente, subió de nuevo las escaleras. Corrió por las escaleras exteriores, agarró la escalera apoyada contra la pared cerca del garaje y subió a toda velocidad como una bala. Fue al salón, colocó la escalera contra la pared de los relojes. Allí, con mucho cuidado, se puso a trabajar. Necesitaban sonar exactamente en 2 horas y 15 minutos, ni un minuto más. Ajustó los relojes antes de dirigirse al baño.

Usando su cepillo de dientes, bloqueó el pestillo de la puerta, luego se sentó en el suelo y esperó. En su bolsillo, acarició su propio despertador, que debía evitar que se quedara dormido.

«No me devorarás, Devoradora».

***

Tom se despertó de golpe en el baño, antes de que sonara su alarma. Se oyeron pasos en la entrada. La presencia fría de su anfitriona había vuelto a rondar por la zona.

—¿Tom, eres tú? —gruñó ella. Una sorpresa imperceptible cruzó su desagradable voz.

—Sí… eh… es que me duele un poco el estómago.

—Sal, pequeñín, te haré una buena infusión con miel.

Tom sabía que era cuestión de minutos. Tenía que hacerla esperar a toda costa. A salvo de su magia negra… ¡o más bien verde!

—No, estoy bien. Creo que empiezo a sentirme mucho mejor —dijo sin aliento.

—Sal de ahí, hombrecito. La abuela Egg cuidará bien de ti.

—Estoy bien, gracias. Dame solo unos minutos y me uno a usted.

La presencia se desvaneció tras la puerta. Tom pegó el oído a la madera.

De pronto, un estruendo ensordecedor estalló. La bruja soltó una sarta de maldiciones:

—¡Asqueroso cachorrito apestoso! ¡Truhán, sinvergüenza, mocoso repugnante!

Las campanas seguían sonando en un concierto ininterrumpido.

—¡¿Qué le has hecho a mis preciosos relojes?! —gritó la bruja al otro lado de la puerta.

Lo poco de humano que quedaba en ella se había desvanecido definitivamente. Ya no era más que energía oscura, animal o indeterminada. Una furia sobre patas, lista para saltar. Su voz se perdía entre los gritos de un gallo furioso y los rugidos de un oso encolerizado; ya no era reconocible. Apenas Tom lograba distinguir palabras.

—Ni siquiera sabes cómo ponerlos bien en hora. —Intentó Tom, ganando tiempo.

—¡¿Cómo te atreves!?

Se oían golpes furiosos en el pestillo exterior, como si un depredador enfurecido intentara forzar la entrada a una madriguera. Luego, unos conjuros murmurados. Estaba claro que intentaba abrir la puerta con magia. De pronto, un ruido metálico. ¡Habían descorrido el pestillo! Tom temblaba de pies a cabeza. Pero, por suerte, el cepillo de dientes aguantó. Las palabras reconfortantes del señor Piojo le volvieron a la mente: «No se puede abrir lo que no se puede ver». Para su alivio, Tom comprobó que era cierto. Por mucho que lo intentara la señorita Egg, el cepillo resistía.

Entonces Tom pasó a la última fase del plan. Subió al inodoro y se puso de puntillas. Luego, abrió la pequeña ventana justo encima. Como había planeado, una cuerda lo esperaba colgando de un gancho.

«Gracias, señor Piojo»; sonrió Tom. «Ten cuidado — le había advertido—. Debes estar a diez metros mínimo de la casa para la traca final».

¡Estaba a punto de conseguirlo! Se preparaba para lanzarse al exterior cuando una mano con garras enormes lo agarró.

Capítulo 13:
Una cucharada de su propia medicina

—¡Suéltame! —gritó Tom, aterrorizado, sacudiendo su brazo.

Pero la Devoradora estaba furiosa y lo sujetaba con fuerza. Detrás de ella, una silla de hierro negro fundido yacía en el suelo. Se dio cuenta de que la había usado para abrir la puerta. Furiosa, su fuerza parecía multiplicada. Tom estaba dividido entre el miedo de caer y estrellarse como un tomate podrido sobre el suelo debajo de la casa, y el terror que la Devoradora le inspiraba.

—¡Suéltame! —repitió, sabiendo que no serviría de mucho.

—Quédate conmigo, querido —dijo la señorita Egg con su tono meloso.

En el pasillo detrás de ella, emergiendo del sótano, la goma de un enorme globo transparente de color verde aplastaba y engullía todo a su paso. Dentro, se podían ver colores y formas, espirales como manchas monumentales de aceite azul celeste, amarillo mostaza, lila, gris lluvia, rojo ladrillo y hasta colores que Tom nunca había visto antes, que se mezclaban y recombinaban sin cesar ni llegar a fusionarse por completo.

Era una vista fabulosa, pero aterradora, porque en cualquier momento la mezcla explotaría por la presión.

El globo, estirado hasta su límite, se vertía en todos los rincones de la casa, cubriéndolo todo. Por el amenazante chirrido que emitía la goma al rozar las paredes, Tom sabía que empezaba a llenar la estrecha y oscura chimenea. Pronto llegaría al techo.

Su transparencia revelaba que el más mínimo golpe o sacudida podría hacer que estallara. Tom, obviamente, no quería estar presente cuando eso sucediera. Pero las horribles tenazas que servían como manos a la señorita Egg no lo soltaban. El globo ya emergía de la chimenea exterior como un magnífico globo aerostático tóxico, lleno de colores. De repente, el joven tuvo una idea brillante y heroica, como solo los superhéroes tienen en momentos de adversidad. Con una mano, sostuvo con fuerza la cuerda, y con la otra, lanzó su despertador con todas sus fuerzas.

—¡¡¡No!!! —gritó la bruja con toda la fuerza de su asqueroso ser.

El despertador se estrelló contra el frágil plástico. Fue entonces cuando una enorme explosión, más fuerte que el más sonoro pedo del más gordo de todos los elefantes, estalló. Chorros brillantes y fluorescentes de colores salieron disparados en todas direcciones como un gigantesco fuego artificial. Tom sintió que el tiempo se ralentizaba sensiblemente en ese preciso momento, como si, de repente, se encontrara en la Luna. Se refugió bajo el alero del techo. Pero para la Devoradora, que no había visto venir el peligro, la historia fue distinta. En cuestión de segundos, todo su cuerpo y su rostro quedaron cubiertos de esa magia ácida y colorada. La casa se consumía lentamente mientras Tom era extraído suavemente. En la cabeza de Tom resonó la voz del señor Piojo: «¡Qué talento!»; se había emocionado él después de haber escuchado atentamente su plan. «Y así, le daremos una cucharada de su propia medicina».

Claro… porque no había otra forma de salvar al bogavante que haciendo estallar el arroz.

¡Funcionó! Un inmenso peso se había levantado de su corazón. Nunca se había sentido tan feliz.

Capítulo 14:
Todo lo bueno se acaba

Tom, temblando con todo su cuerpo, acababa de ser rescatado de lo alto del alero.

—¡Bien hecho! —Le felicitó el señor Piojo. Su vecino, radiante, sonrió ampliamente.

—¿Puedo ver a la señorita... quiero decir, a la Devoradora?

—Bueno, me temo que no haya mucho que ver ahora. Está neutralizada, al menos por un tiempo...

—¿Qué significa eso?

El señor Piojo no respondió. Siguió sonriendo. Era evidente por el brillo de sus ojos que estaba orgulloso de Tom, aunque afloraba otra emoción que no lograba identificar.

Se quedaron allí durante un largo momento observando a los hombres con trajes azules limpiar el desastre. Su cabeza sentía como si fuera a estallar por el dolor.

—¿Cuándo volverán mis padres?

—Ya están aquí, esperándote.

Mientras decía esto, dos figuras se acercaron.

—¡Mi amor!

Su madre lo besó frenéticamente mientras su padre lo abrazaba con fuerza. Era muy raro: parecía que, por primera vez en meses, le hacían caso de verdad. Como si hasta ellos se despertaran de un largo sueño.

—No vais a creer lo que me pasó —comenzó Tom.

Amy, prestando poca atención, le acariciaba el cabello con energía, como una madre ave que arregla las plumas de su polluelo, mientras Paul, como si fuera su primer vuelo, comprobaba que ninguno de sus huesos estuviera roto.

—Hace una semana, cuando nos despedimos y me dejasteis en ese... ese...

—¿Qué quieres decir?

Paul se incorporó. Él y Amy se miraron el uno al otro con asombro.

—Cariño, solo te hemos dejado unas horas. Ni siquiera subimos al avión.

Increíble. Su cabeza seguía palpitando. Tom estaba agotado, como si no hubiera dormido en noches, debido a un mal resfriado que le dificultaba respirar con facilidad.

—¿Puedo tomar prestado a su valiente niño un momento?

A duras penas, Amy y Paul le dejaron ir con su vecino.

—¿Dolor de cabeza, eh?

Tom asintió.

—Pronto pasará, pero para eso, tu reloj interno necesita reajustarse.

—¿Mi reloj interno?

—Sí. Todos tenemos un reloj interno que determina cómo sentimos el tiempo. Al igual que tienes una lengua que percibe los sabores y unos oídos que perciben los sonidos, tu reloj percibe la lentitud, la rapidez, la inercia, la temporalidad, el futuro, el *déjà vu*.

Tu reloj fue alterado por la Devoradora, y por eso estás desorientado. Pero no te preocupes, estos efectos son solo temporales.

Otra vez, el silencio se hizo. Tom sentía que iba a necesitar semanas o meses para procesar lo que le acababa de pasar.

—¿Quién… qué era?

—Los peores monstruos son los que están más cerca de nosotros. Se cuecen a fuego lento y lentamente maduran su odio y rabia. La señorita Egg era uno de ellos.

Seguramente se había vuelto una criatura semidepredadora, semiatemorizada. Un ser sin razón más que el mal, y que termina huyendo de sí misma igual que un gallo sin cabeza o como… una gallina ciega.

Capítulo 15 :
La gallinita ciega

Acababan de llegar a la puerta del vecino. Una vez dentro, Tom se sorprendió por la elegancia de la decoración. Las paredes estaban pintadas con buen gusto en tonos pastel y adornadas con espléndidas pinturas: algunas representaban paisajes japoneses bajo la nieve, mientras que otras eran cuadros redondos con patrones en espiral en tonos azul verdoso. Ese motivo se repetía de marco en marco, saltando como un pez fuera del agua para reaparecer unos centímetros más allá.

El señor Piojo soltó una risita al ver los ojos desorbitados de Tom.

—Me encanta pintar entre misión y misión. Me relaja.

El mobiliario también era impresionante. Había fabulosos baúles de maderas exóticas, mesas redondas incrustadas con cerámica donde se alzaban imponentes jarrones con arreglos florales espléndidos. Cuando el señor Piojo se quitó el sombrero para dejarlo en el perchero de pie, Tom se asombró al ver que tenía dos cicatrices detrás de la cabeza. Parecían muy antiguas y como de pico. Una era más profunda que la otra.

—¿Te apetece un té?

—Sí, por favor. Gracias.

El señor Piojo sonrió al ver su expresión.

—Algunas cicatrices son difíciles de olvidar. Pero —añadió él con una sonrisa dulce— siempre existe un buen sombrero que las tape cómodamente.

Una fotografía llamó la atención de Tom. Era una foto muy antigua, algo arrugada y protegida por un cristal. Mostraba a una niña y un niño de unos cinco años disfrazados de animales.

—La fiesta del colegio. Qué recuerdos —suspiró el señor Piojo.

—Es extraño. Siento que he visto esa foto en algún sitio.

—Imposible. Es única. Única…

—Estoy seguro —insistió Tom—. Tengo memoria fotográfica, solo que no recuerdo dónde la vi.

La niña tenía unos ojos azules enormes que dominaban su cara, de un azul increíblemente bello y profundo. El niño tenía el pelo castaño, con ojos pequeños, chispeantes y traviesos. Parecían tan felices. Tom pensó en la fiesta escolar que le esperaba pronto.

—Disfrútala —dijo en voz baja el señor Piojo.

Tom dio un salto. Por segunda vez, tenía la impresión de que le leían el pensamiento. La niña iba vestida de gallina, con un lindo disfraz blanco y una gran cresta sobre la cabeza. El niño, en cambio, era un zorro. Reían y se abrazaban con fuerza. Nada en el mundo parecía poder detenerlos mientras estuvieran juntos. Esos ojos azules…

—¡La señorita Egg, es la señorita Egg! Pero entonces… ¿erais cercanos?

—Tan cercanos como pueden serlo una gallina y un zorro —aseguró el señor Piojo.

Ahora miraba el marco con los ojos llenos de lágrimas, las manos aferradas a su taza.

Guardaron silencio durante lo que a Tom le pareció una eternidad, aunque quizá para su vecino no fueran más que unos segundos.

—¿Me preguntaba si la señorita Egg siempre fue así?

—Pues es difícil saberlo, ya que no estuve al principio. —Ante la expresión confundida de Tom, añadió—: La señorita Egg es mi madre.

—¿Cómo es posible? —murmuró Tom.

—Qué cosa tan extraña es el tiempo, ¿verdad? Esta foto me lo recuerda a menudo. La tengo desde hace años, pero nunca representa exactamente lo mismo. A veces, ella y yo parecemos tener la misma edad. Otras veces, ella parece una anciana y yo no soy más que un niño de dos años. ¡Y a veces, soy yo quien parece mayor que ella!

Tom abría los ojos como dos platos. Pero el señor Piojo continuó:

—Ella nunca estuvo muy a gusto conmigo. Supongo que algunas semillas caen demasiado lejos del árbol, y la decepción es el peor de los venenos.

—Entonces le rechazó.

Tom pensó otra vez en las cicatrices mientras se le encogía el corazón.

—Exacto. Y no fue… sin dolor. Para ambos. Algunos seres buscan algo, tienen planes, y las barreras que encuentran o los obstáculos se personifican en personas. A veces, eso los lleva a desarrollar un odio muy especial hacia su descendencia. Esto es lo que probablemente me pasó, aunque no tenga recuerdos muy precisos.

—¿Qué es lo que buscaba ella?

—A sí misma, supongo. Esto puede resultar muy peligroso en las criaturas mágicas. Su obsesión con hacerse del tiempo se volvió tan vital para ella como mortal para los demás. Y lo que me describiste lo encaja todo: un sitio que funciona como una gran olla (su casa), una llama potente que alimenta con su magia en un sitio retirado (la olla que viste). —El señor Piojo soltó un leve suspiro—. Cambiando de tema, debes saber que has llamado su atención con tu valentía. Quieren ofrecerte un puesto como investigador.

—¿A quién exactamente?

—La Brigada de Protección contra las Devoradoras.

Su vecino se interrumpió.

—Bueno, no puedo decir más. ¿Crees que podría interesarte?

Los ojos de Tom brillaban ahora con intensidad.

—¡Por supuesto que me interesa!

—Habrá que hacer algunos sacrificios, claro, como viajar mucho en primera clase y, sobre todo, no contar tus horas de trabajo. También puede que tengas que dejar la escuela. Y a veces comer cosas inidentificables. Pero —añadió solemnemente el señor Piojo—, siempre será por el bien de la nación.

—Estoy listo para aceptar el desafío.

—Trato hecho.

Por su tono de voz, Tom comprendió que el señor Piojo debía ser, al menos, el director de la brigada o algo por el estilo.

Entonces fue cuando le guiñó el ojo.

—Ahora a volver con tus padres. Seguro que tienes un montón de cosas que decirles.

—Sí, se me ha hecho tarde. Mejor me voy antes de que me hagan picadillo…

Fin.

Índice: